KB200923

통박사 조병호의
제사장 나라에서 하나님 나라로
LEVITICUS RUNNING THROUGH THE BIBLE

통通하는
레위기

통通하는 레위기

초판 1쇄 발행 2018년 5월 15일
　　　3쇄 발행 2018년 11월 12일

지은이 · 조병호
펴낸곳 · 도서출판 **통독원**
디자인 · 전민영

주소 · 서울시 강남구 논현동 278-3
전화 · 02)525-7794
팩 스 · 02)587-7794
홈페이지 · www.tongbooks.com
등록 · 제21-503호(1993.10.28)

ISBN 978-89-85738-93-4 03230

통박사 조병호의

제사장 나라에서 하나님 나라로
LEVITICUS RUNNING THROUGH THE BIBLE

통通하는
레위기

조병호 지음

통독원

들어가면서

"The Whole Bible is **always** Good News"
모든 성경은 **언제나** 굿 뉴스입니다.

꧁꧂

1권이자 동시에 66권인 성경은,
첫 페이지부터 마지막 페이지까지
전체가 다 살아계신 하나님의 말씀입니다.

66권으로 이루어진 성경은 첫 번째 책인 〈창세기〉도 중요하고,
마지막 책인 〈요한계시록〉도 중요합니다.
그리고 66장이나 되는 긴 분량의 〈이사야〉도 중요하고,
1장인 〈오바댜〉나 〈빌레몬서〉도 중요합니다.

그리고 본서 〈통(通)하는 레위기〉의 주인공인 〈레위기〉 또한

두말할 필요 없이 중요합니다.

그런데 가끔 혹자는 하나님의 말씀인 레위기를
'Out of Date'(시대에 뒤떨어진, 구식인, 오래된)라며
레위기는 구약 시대에만 필요했던 말씀이고,
지금은 필요하지 않은 말씀이라는 말도 안 되는 말을 합니다.

우리 인간들도 유효기간이 지난 상한 음식은 자기 자녀에게 먹이지 않습니다. 하물며 온 우주만물을 창조하시고, 역사를 주관하시며, 세계를 경영하시는 하나님께서 당신의 형상을 닮은 우리 인간들에게 당신이 누구인지 알려주신 계시의 책을 선물로 주시면서 **구약 시대에만 필요했던 책을, 지금 우리에게 주셨겠습니까.**

레위기를 비롯한 66권의 **모든 성경**은 하나님의 감동으로 된 것으로 교훈과 책망과 바르게 함과 의로 교육하기에 **유익합니다**(딤후 3:16).

'모든 성경'은 **언제나** '굿 뉴스'입니다.

성경 66권 가운데 필요하지 않는 책은 단 한 권도 없으며 레위기는 구약성경의 키워드인 '제사장 나라'를 관통하는, 그리고 신약성

경의 키워드인 '하나님 나라'로 이어주는 중요한 책입니다.

첫째, **레위기**가 없으면,
첫 번째 대제사장인 아론과 **마지막 대제사장이신 예수님**을 묶어서 함께 이해할 수가 없습니다.

둘째, **레위기**가 없으면,
청소년 다니엘은 바벨론 포로로 끌려가 바벨론 제국 이데올로기 교육의 먹잇감이 되었을 것이기에, 레위기 11장에 기록된 제사장 나라 법대로 음식을 구별하여 먹으며 끝내 제사장 나라의 선지자가 되었다고 기록된 **다니엘서는 처음부터 시작**도 할 수가 없습니다.

셋째, **레위기**가 없으면,
예수님께서 나병 환자를 고치시고 **레위기의 기록대로** 제사장에게 가서 보이라고 하신 말씀을 이해할 수가 없습니다.

넷째, **레위기**가 없으면,
각자 자기 소견대로 살았던 사사 시대였음에도 불구하고 밭에서 밭모퉁이 일부를 남겨두며 고아와 과부와 나그네를 돌보고 **제사장 나라 법을 지켰던 룻기의 보아스**를 이해할 수가 없습니다.

다섯째, **레위기**가 없으면,
예레미야가 제사장 나라 법으로 예고한 바벨론 포로 70년과 **예수
님의 새 언약**에 대한 예고의 이유를 알 수가 없습니다.

이렇게 멋진 하나님의 말씀 레위기,
〈통(通)하는 레위기 – 제사장 나라에서 하나님 나라로〉
여러분을 초대합니다.

2018, 봄날에
가평 통독원에서

contents

아론 _ 시메온 솔로몬 作

chapter

1

⊰ 레위기 9장이 히브리서 9장으로 ⊱

첫 번째 대제사장 아론과 **마지막** 대제사장 예수

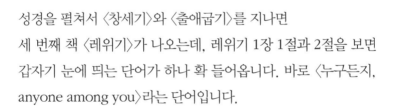

성경을 펼쳐서 〈창세기〉와 〈출애굽기〉를 지나면
세 번째 책 〈레위기〉가 나오는데, 레위기 1장 1절과 2절을 보면
갑자기 눈에 띄는 단어가 하나 확 들어옵니다. 바로 〈누구든지,
anyone among you〉라는 단어입니다.

"여호와께서 회막에서 모세를 부르시고

그에게 말씀하여 이르시되

이스라엘 자손에게 말하여 이르라

너희 중에 누구든지 여호와께 예물을 드리려거든

가축 중에서 소나 양으로 예물을 드릴지니라"(레 1:1~2)

(The Lord called to Moses and spoke to him from the tent of

meeting. He said, "Speak to the Israelites and say to them: 'When **anyone among you** brings an offering to the Lord, bring as your offering an animal from either the herd or the flock.)

아브라함의 후손들은 아브라함 이후 500여 년이 지나 하나님의 말씀대로 마침내 하늘에 별처럼, 바닷가의 모래처럼 수가 많아집니다(창 22:17).

그러자 하나님께서는 그 계획하신 때에 아브라함의 후손들을 애굽(이집트)에서 출애굽시키시고, 광야에서 그들과 〈제사장 나라〉 언약을 맺으십니다.

그리고 그 언약으로 말미암아 〈제사장 나라 거룩한 시민〉이 된 아브라함의 후손들에게 하나님께서는 놀라운 선물을 주십니다.

그런데 그 선물의 대상이 따로 있는 것이 아니라 바로 '**누구든지**'입니다.

하나님과 〈제사장 나라 거룩한 시민〉 언약을 맺은 아브라함의 후손들은, **원하는 사람은 '누구든지'** 제물을 가지고 하나님 앞에 나아가 제사를 드릴 수 있게 된 것입니다.

성전으로 가다 _ 마리아 H. 코스웨이 作

하나님의 이 선언 이전에는 '누구든지' 하나님 앞에 나아가 하나님께 제사를 드린다는 것은 정말 쉬운 일이 아니었습니다. 그런데 이제 원하는 사람은 '누구든지' 하나님 앞에 나아가 제사를 드릴 수 있게 되었습니다.

이스라엘 백성들이 하나님께 '누구든지' 제사를 드릴 수 있게 된 것은, 그들이 시내 광야에서 1년간 머물면서 5개월 20일 동안 하나님께서 주신 설계도대로 '언약궤'(법궤)를 만들었기 때문입니다.

언약궤(법궤)는 '하나님의 임재를 상징'하는 것이기 때문에, 이제 이스라엘 백성들은 언제든지 언약궤(법궤)가 머물고 있는 곳에 가서 하나님께 제사를 드릴 수 있게 되었습니다.

그런데 언약궤(법궤)가 그들 가운데 있어도, 하나님께 제사를 드리기 위해서는 반드시 '제물'을 준비해야만 했습니다. 이것은 하나님께서 그들에게 주신 제사 법 때문입니다.

하나님께 제사를 드릴 때의 제물은 '가축 중에서 소나 양'으로 드려야 했습니다. 그 외에 가축 떼의 양이나 염소, 산비둘기나 집비둘기 새끼, 고운 가루 한 움큼과 기름 등이 하나님께서 정해주신 제사의 제물이었습니다(레 1~2장).

그런데 여기에서 놓쳐서는 안 되는 중요한 일이 하나 더 남아 있었습니다.

하나님께 드리는 '제사의 세 가지 중요한 요소'가 있는데,
바로 '제물'과 '장소'(언약궤가 있는 곳)와
제사를 집례하는 '제사장'입니다.

"이스라엘 자손에게 말하여 이르라
너희 중에 누구든지 여호와께 예물을 드리려거든
가축 중에서 **소나 양으로 예물**을 드릴지니라"(레 1:2)

"**거기서** 내가 너와 만나고"(출 25:22)

"그 모든 기름은 화목제 제물의 기름 같이 제단 위에서 불사를지니 이같이 **제사장이** 그 범한 죄에 대하여 그를 위하여 속죄한즉 그가 사함을 얻으리라"(레 4:26)

그런데 당시까지는 아직 제사를 집례하는 **제사장이 준비되지 않은 상태**였습니다.

때문에 '누구든지' 하나님 앞에 나아가 제사를 드리기 위해서 이제 남은 과제는 제사장이 준비되는 것입니다. 그래서 첫 번째 대제사

장 아론의 등장이 그렇게 기다려졌던 것입니다.

그러므로
'레위기 9장'은 제사장 나라의 **첫 번째 대제사장**으로 취임한 아론이 얼마나 중요한지 우리에게 소개해주시는 하나님의 귀한 말씀입니다.

"아론이 백성을 향하여 손을 들어 축복함으로 속죄제와 번제와 화목제를 마치고 내려오니라"(레 9:22)

하나님께서 아브라함의 후손들인 히브리 민족 즉, 이스라엘 백성들을 출애굽시키신 이유는 그들이 애굽(이집트)에서 고된 노동으로 말미암아 부르짖는 소리가 하나님께 상달되었고, 하나님께서 그들의 고통 소리를 들으시고 아브라함과 이삭과 야곱에게 세운 언약을 기억하셨기 때문입니다(출 2:24).

드디어 레위기 9장에서 대제사장 아론의 위임식이 진행됩니다.

"모세와 아론이 회막에 들어갔다가 나와서
백성에게 축복하매
여호와의 영광이 온 백성에게 나타나며
불이 여호와 앞에서 나와

애굽(이집트)에서의 오랜 노예 생활로 인해 원망이 일상이고 매사가 삐딱한 이스라엘 일부 백성들의 눈에 모세의 형 **아론의 대제사장 위임식**은 오해하기 딱 좋은 건수가 될 수도 있었을 것입니다.

그런데 아론이 제사장 나라의 '첫 번째 대제사장'으로 속죄제와 번제와 화목제를 집례하고, 모세와 대제사장 아론이 회막에 들어갔다가 나와서 이스라엘 백성들을 축복하자 놀랍게도 불이 여호와 앞에서 나와 제단 위의 번제물과 기름을 다 태운 것입니다.

그 순간, 이 광경을 **눈앞에서 직접 목도한** 이스라엘 백성들이 너무 놀라 다들 소리를 지르고 **땅에 엎드렸습니다.**

하늘로부터 직접 불이 내려와 제단의 제물들을 다 태웠으니 이스라엘 백성들이 얼마나 놀랐겠습니까.

이로 인해 제사장 나라도 제사장 나라의 대제사장 아론도,
분명, 하나님께서 직접 세우신 **하나님의** 사람이라는 사실과,
그 대제사장이 하나님께서 주신 권위를 가지고

하나님께 제사 드리는 사람이라는 사실이
이스라엘 백성들에게 증명되었던 것입니다.

이후에 아합 왕이 북이스라엘을 다스릴 때에 엘리야 선지자가 갈
멜산 위에서 하늘의 하나님께 제사를 드릴 때에 '하늘로부터 불
이 내려와 제단의 제물을 다 태우는 일'이 바로 대제사장 아론의
위임식 때의 모습과 겹쳐집니다.

"이에 여호와의 불이 내려서
번제물과 나무와 돌과 흙을 태우고
또 도랑의 물을 핥은지라

모든 백성이 **보고 엎드려** 말하되
여호와 그는 하나님이시로다
여호와 그는 하나님이시로다 하니"(왕상 18:38~39)

이처럼 '레위기 9장'을 통해
우리는 제사장 나라의 '첫 번째 대제사장'이 아론이었다는 사실을
알 수 있습니다.

이후, 이스라엘은 광야 생활 40년을 거쳐, 약속의 땅 가나안에 들
어가고, 약 350년간의 사사 시대와 왕정 500년, 그리고 바벨론
포로기와 페르시아로부터의 귀환, 신구약 중간사 400년을 거쳐
신약 시대로 접어들게 됩니다.

그렇게 레위기 9장의 대제사장 위임식 이후 제사장 나라의 대제
사장 제도는 1,500여 년 동안이나 유지되었습니다.

그리고 마침내
예수님께서 '왕 같은 대제사장'으로,
'하나님의 어린 양'으로, '하늘 지성소인 십자가'에 오르셔서
"다 이루었다."라고 말씀하십니다.
"예수께서 신 포도주를 받으신 후에 이르시되
다 이루었다 하시고 머리를 숙이니

영혼이 떠나가시니라"(요 19:30)

레위기 9장을 기반으로
제사장 나라의 첫 번째 대제사장 아론 이후 1,500여 년이 지나
예수님께서 십자가 위에서 **마지막 대제사장**으로
우리 모두의 죄를 대속하는 산제사를 집례하셨습니다.

> **"그리스도께서는** 장래 좋은 일의 **대제사장으로 오사**
> 손으로 짓지 아니한 것 곧 이 창조에 속하지 아니한
> 더 크고 온전한 장막으로 말미암아
> 염소와 송아지의 피로 하지 아니하고
> 오직 자기의 피로 영원한 속죄를 이루사
> **단번에 성소에** 들어가셨느니라"(히 9:11~12)

"그러므로 함께 하늘의 부르심을 받은
거룩한 형제들아
우리가 믿는 도리의 사도이시며
대제사장이신 예수를 깊이 생각하라"(히 3:1)

예수님께서는 **하나님의 어린 양**(요 1:29)으로 스스로 '제물'이 되시
고, 1,500년간 유지되던 제사장 나라의 **마지막 대제사장**으로 '하
늘 지성소인 십자가'에 오르셔서, 하나님께 올려드리는 '마지막

십자가 _ 바르톨로매 에스테반 무리요 作

산제사를 완벽하게 집례'하셨던 것입니다.

그리고 공생애 3년 동안 곧 도래할 것이라고 말씀하셨던 〈하나님 나라〉를 이 땅에 실현시키셨습니다.

그러므로
레위기 9장 아론의 첫 번째 대제사장 위임식은
제사장 나라에서 하나님 나라로 통하는
예수님의 여러 모습 가운데 '왕 같은 대제사장이신 예수님'을
미리 보여주시는 놀라운 하나님의 말씀입니다.

다니엘이 왕의 음식을 거부하다 _ O.A 스템러 作

chapter

2

⟨ **레위기 11장**이 **다니엘 1장**으로 ⟩

다니엘, 제사장 나라 음식 법을 지켜 **하나님 나라 '뜨인 돌'**을 보다

어느 날 갑자기 바벨론 제국의 느부갓네살 왕이 엄청난 수의 군
인들을 이끌고 남유다의 수도 예루살렘의 성(城)안으로 쳐들어왔
습니다.

그리고 무서운 군사력으로 남유다를 위협하며,
앞으로 바벨론에 조공을 바치라는 명령과 함께
'다니엘을 비롯한 네 명의 청소년들'만
콕 집어 골라서 바벨론으로 끌어갔습니다.

이 사건이 바로 '바벨론 1차 포로'입니다.
바벨론 제국이 남유다 전체에서 고르고 골라 자기 나라로 끌어간

느부갓네살 군대에 의해 불타는 예루살렘 _ Juan de la Corte 作

네 명의 청소년들은 눈에 띄는 공통점이 있었습니다.

"곧 흠이 없고 용모가 아름다우며 모든 지혜를 통찰하며
지식에 통달하며 학문에 익숙하여
왕궁에 설 만한 소년을 데려오게 하였고
그들에게 갈대아 사람의 학문과 언어를
가르치게 하였고"(단 1:4)

느부갓네살 왕과 대면하여 손색없는 월등한 청소년들만 데려온
것입니다.

바벨론으로 끌려온 남유다 출신인 네 명의 청소년들은 바벨론 왕
궁 안에서 자신들과 같은 처지의 각국에서 끌려온 청소년들과 함

께 생활하게 되었습니다.

바벨론 제국은 이들에게 놀랍도록 과감한 투자를 아끼지 않았습니다.

다니엘의 '기숙사'는 바벨론 왕궁이었고, '급식'은 왕이 먹는 최고급 음식과 '최상급 와인'(Wine)이었습니다.

다니엘은 바벨론에서 '벨드사살'이라는 바벨론식 새 이름을 받았습니다. 그리고 드디어 3년 동안 바벨론에서의 박사과정과 같은 교육이 시작되었습니다.

"또 왕이 지정하여
그들에게 **왕의 음식**과 그가 마시는 포도주에서
날마다 쓸 것을 주어 삼 년을 기르게 하였으니
그 후에 그들은 왕 앞에 서게 될 것이더라"(단 1:5)

다니엘은 바벨론 제국이 원하는 것이,
자신들에게 바벨론의 언어와 바벨론의 학문을 가르쳐
결국 '**바벨론맨**'(Babylon-Man)으로 만드는 것임을
알게 되었습니다.

그리고 자신들이 앗수르 제국을 물리치고 새로운 고대 근동의 주인이 된 **바벨론의 '제국 프로젝트- 이데올로기 교육'**에 동원된 세계 최초의 '인터내셔널'(International)(?) 박사과정 학생들이라는 사실도 알게 됩니다.

바벨론 제국은 그들의 목적을 위해 포로 청소년들을 마치 귀족 유학생들처럼 대우해주기는 했지만, 실상 '포로 다니엘'이 바벨론에서 스스로 결정하고, 스스로 할 수 있는 일은 아무것도 없었습니다.

그런데 새장에 갇혀서 날 수도 없는 새의 형편임에도 불구하고, **어린 청소년 다니엘이 혼자 중대한 결심**을 한 가지 했습니다.

그것은 다니엘이 남유다에서 살았던 어린 시절에 가정에서 부모에게 배운 대로 (즉 다니엘의 어머니가 주신 음식대로) 다시 말해, **〈레위기 11장〉에 기록된 대로**
'하나님의 말씀대로 **음식을 구별**하며 먹겠다.'는 결심을 했던 것입니다.

그러나 다니엘의 결심이 아무리 굳건해도 이를 실행하기는 결코 쉬운 일이 아니었습니다. 그런데 다니엘이 '이 어려운 일을 해내지 말입니다.'

"이스라엘 자손에게 말하여 이르라 육지의 모든 짐승 중
너희가 먹을 만한 생물은 이러하니"(레 11:2)

"다니엘은 뜻을 정하여 **왕의 음식**과 그가 마시는 포도주로
자기를 더럽히지 아니하리라 하고
자기를 더럽히지 아니하도록 환관장에게 구하니
하나님이 다니엘로 하여금 환관장에게
은혜와 긍휼을 얻게 하신지라"(단 1:8~9)

결국 다니엘은
바벨론 왕실의 환관장 아스부나스의 허락을 받아내고,
바벨론 왕궁 안에서
〈레위기 11장〉대로 음식을 **구별**하여 먹으며,
〈모세5경〉의 율법을 잊지 않고 살아갑니다.

그런데 놀랍게도 다니엘의 〈모세5경〉의 율법 실천은, 이후 다니
엘과 그의 동료들을 큰 위기에서 구해냅니다.

어느 날 갑자기 바벨론의 왕 느부갓네살이 꿈을 꾸고는 자신이
꾼 꿈과 그 꿈의 해석을 내놓지 않으면 바벨론 제국 내의 박수와
술객을 비롯한 모든 지혜자들을 다 죽이겠다고 했던 것입니다.

느부갓네살 왕을 접견하는 다니엘의 세 친구 〈니므이성경 사본의 삽화〉

이때 다니엘을 포함해 각국으로부터 끌려왔던 모든 청소년들이, 느부갓네살 왕이 말한 '지혜자들의 카테고리'에 들어 있었습니다.

"왕이 이로 말미암아 진노하고 통분하여
바벨론의 모든 지혜자들을 다 죽이라 명령하니라

왕의 명령이 내리매
지혜자들은 죽게 되었고
다니엘과 그의 친구들도 죽이려고 찾았더라"(단 2:12~13)

다니엘은 〈모세5경〉의 첫 번째 책인 〈창세기〉의 말씀 가운데, 애굽(이집트)에서 바로 왕이 꿈을 꾸었을 때 하나님께서 주신 지혜와 명철로 그 꿈을 해석했던 요셉을 생각했을 것입니다.

그 〈창세기〉의 지식 덕분에 다니엘은 자신이 느부갓네살 왕의 꿈을 알아맞히고 해석할 수 있다고 나설 수 있었던 것입니다.

다니엘은 남유다에서 함께 끌려온 세 명의 친구들에게 '중보기도'를 부탁하고, 자신도 하늘의 하나님께 이 문제를 가지고 기도했습니다.

하나님께서는 환상 가운데 다니엘에게 느부갓네살 왕의 꿈과 그
꿈의 해석을 가르쳐주셨습니다.

그러자 다니엘이 다음과 같이 하늘의 하나님을 찬송하며, 하나님
께 감사의 기도를 드렸습니다.

"다니엘이 말하여 이르되
영원부터 영원까지 하나님의 이름을 찬송할 것은
지혜와 능력이 그에게 있음이로다

그는 때와 계절을 바꾸시며 **왕들을 폐하시고**
왕들을 세우시며 지혜자에게 지혜를 주시고
총명한 자에게 지식을 주시는도다

그는 깊고 은밀한 일을 나타내시고
어두운 데에 있는 것을 아시며
또 빛이 그와 함께 있도다

나의 조상들의 하나님이여 주께서
이제 내게 지혜와 능력을 주시고
우리가 주께 구한 것을 내게 알게 하셨사오니
내가 주께 감사하고 주를 찬양하나이다

다니엘이 느부갓네살 왕의 꿈을 해석하다 _ 그랜트 R 클로슨 作

곧 주께서 왕의 그 일을
내게 보이셨나이다 하니라"(단 2:20~23)

그리고 다니엘이 느부갓네살 왕 앞에 나아가 그 꿈을 맞춥니다.

"왕이시여 '마징가Z'(?)를 보셨지요?"

"왕이여
왕이 **한 큰 신상**을 보셨나이다
그 신상이 왕의 앞에 섰는데 크고 광채가 매우 찬란하며
그 모양이 심히 두려우니

그 우상의 머리는 순금이요 가슴과 두 팔은 은이요
배와 넓적다리는 놋이요 그 종아리는 쇠요
그 발은 얼마는 쇠요 얼마는 진흙이었나이다
또 왕이 보신즉
손대지 아니한 돌이 나와서
신상의 쇠와 진흙의 발을 쳐서 부서뜨리매"(단 2:31~34)

그리고 이어서 다니엘은 느부갓네살 왕이 꾼 꿈의 해석을 다음과
같이 해주었습니다.

"**손대지 아니한 돌**이
산에서 나와서 쇠와 놋과 진흙과 은과 금을 부서뜨린 것을
왕께서 보신 것은
크신 하나님이 **장래 일을 왕께 알게 하신 것이라**
이 꿈은 참되고 이 해석은 확실하니이다 하니"(단 2:45)

다니엘이 정확하게 느부갓네살 왕이 꾼 꿈을 맞히고, 그 꿈에 대
해 명쾌한 해석, 즉 5대 제국(앗수르, 바벨론, 페르시아, 헬라, 로마)의
변동 속에서 결국 '하나님의 나라가 도래할 것'이라고 말해줍니
다. 그러자 느부갓네살 왕이 크게 놀라 다니엘에게 엎드려 절하
고 많은 선물을 줍니다.

"이에 느부갓네살 왕이 엎드려 다니엘에게 절하고 명하여 예물과 향품을 그에게 주게 하니라"(단 2:46)

그런데 여기에서 놀라운 사실은 다니엘이 느부갓네살 왕의 꿈을 맞추고 해석하는 과정을 통해 하나님께서 주신 말씀으로 '손대지 아니한 돌' 즉, '뜨인 돌'에 관한 말씀을 전하게 되었다는 것입니다.

하나님께서는 다니엘이 느부갓네살 왕의 꿈을 맞추고 해석하는 일을 통해 오히려 '손대지 아니한 돌' 즉, **'뜨인 돌이신 예수 그리스도'가 세우실 영원한 〈하나님 나라〉를 예언**하게 하셨던 것입니다.

"사람에게는 버린 바가 되었으나 하나님께는 택하심을 입은 **보배로운 산 돌이신 예수께 나아가**"(벧전 2:4)

다니엘은 청소년 시기에 나라가 멸망해 바벨론 포로로 끌려갔고, 그곳에서 바벨론 제국의 프로젝트에 동원되어 '제국의 로봇'이 될 위기에 처했었습니다.

그런데 다니엘이 끝내 포기하지 않고, 결심하고, 실행했던 한 가지 즉, 〈레위기 11장〉대로 음식을 구별하여 먹었던 일이 결국 다니엘을 '하나님의 사람'으로 이끌었던 것입니다.

그리고 마침내 다니엘은 '손대지 아니한 돌' 즉, '뜨인 돌이신 예수 그리스도'가 세우실 영원한 〈하나님 나라〉를 예언하는 선지자가 될 수 있었습니다.

"건축자가 버린 돌이 집 **모퉁이의 머릿돌**이 되었나니"(시 118:22)

"너희는 사도들과 선지자들의 터 위에 세우심을 입은 자라 그리스도 예수께서 친히 **모퉁잇돌**이 되셨느니라"(엡 2:20)

이처럼 〈레위기 11장〉이 없으면,
〈다니엘〉은 1장부터 시작도 할 수 없습니다.

나병 환자를 고치신 예수님 _ 장 마리 멜리오르 도즈 作

chapter

3

예수님, 제사장 나라의 **나병 환자 법**을 지키시다

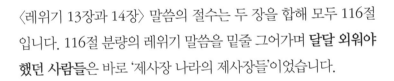

〈레위기 13장과 14장〉 말씀의 절수는 두 장을 합해 모두 116절입니다. 116절 분량의 레위기 말씀을 밑줄 그어가며 **달달 외워야 했던 사람들**은 바로 '제사장 나라의 제사장들'이었습니다.

왜냐하면 십계명을 비롯한 613가지의 〈율법─제사장 나라 법〉 가운데 레위기 13장과 14장에 기록된 '나병 환자에 관한 규례'는 하나님께서 '제사장들'에게 '전문가'(expert)로서의 전문성을 요구하며 주신 법이었기 때문입니다.

"여호와께서 모세와 아론에게 말씀하여 이르시되
만일 사람이 그의 피부에

무엇이 돋거나 뾰루지가 나거나 색점이 생겨서
그의 피부에 나병 같은 것이 생기거든
그를 곧 제사장 아론에게나 그의 아들 중
한 **제사장에게로 데리고 갈 것이요**"(레 13:1~2)

이스라엘 백성들 가운데 나병으로 의심되거나 나병에 걸린 사람
은 반드시 제사장에게 가서 병의 증세를 확인해야 했습니다.

이것이 제사장 나라의 법이었습니다.

이렇게 나병의 증상으로 제사장을 찾아온 사람에 대해 제사장은
〈제사장 나라 법〉에 따라 〈레위기 13장〉대로 병세와 증상을 자
세히 살펴야 했습니다.

그리고 나병이 확실하다고 판명될 경우 제사장은 그 환자를 일반
백성들과 격리시켜 진 밖으로 내보내야 하고, 그 이후에는 제사
장이 직접 진 밖으로 나가서 지속적으로 그 환자의 병세를 관찰
하고 살펴야 했습니다.

그러나 이것으로 끝이 아니었습니다.
제사장은 일반 백성들과 격리되어 진 밖에 머물고 있는 나병 환
자를 지속적으로 살펴보고 진찰해가던 중에 환자의 병이 완치되

없을 경우 〈제사장 나라 법〉에 따라 합당한 다음 조치를 취해야
했습니다.

이에 관한 〈제사장 나라 법의 규례〉는 다음과 같습니다.

"여호와께서 모세에게 말씀하여 이르시되
나병 환자가 **정결하게 되는 날의 규례**는 이러하니
곧 그 사람을 제사장에게로 데려갈 것이요"(레 14:1~2)

나병 환자가 완치되었을 경우 가장 먼저, 그리고 가장 중요하게 해야 할 일은 완치된 환자가 공식적으로 제사장을 만나야 하는 것이었습니다. 그러면 제사장은 완치된 환자에게 예물을 준비하게 해서 그를 위해 하나님께 제사를 드렸습니다.

"제사장은 진영에서 나가 진찰할지니
그 환자에게 있던 나병 환부가 나았으면
제사장은 그 정결함을 받을 자를 위하여 명령하여
살아 있는 정결한 새 두 마리와
백향목과 홍색 실과 우슬초를 가져오게 하고"(레 14:3~4)

〈레위기 13장〉이 '나병에 관한 증상과 나병 환자에 대한 처방'이라면, 〈레위기 14장〉은 '나병 환자가 완치되었을 때에 그를 다시 정상적인 사회인으로 복귀하게 하는 정결 의식'이라 할 수 있습니다.

이 모든 나병에 관한 규례를 정확하게 알고 실행하는 책임이 제사장 나라의 제사장들에게 있었던 것입니다.

그런데 놀랍게도 나병에 관한 하나님의 말씀은 구약성경 〈레위기 13장과 14장〉에서 끝이 난 게 아니었습니다.

예수님께서 십자가 위에서 율법과 선지자를 완전하게 하시며 **"다 이루었다."**라고 말씀하시기 **전까지는,** 예수님께서도 〈레위기 13장과 14장〉의 하나님의 말씀을 바탕으로 '나병 환자에 관한 제사장 나라의 규례를 존중'하며 지키셨기 때문입니다.

예수님께서는 공생애 3년 동안 수많은 환자들을 고쳐주셨습니다. 그리고 그들에게 늘 다른 사람들에게 말하지 말라고 말씀하셨습니다.

"이에 예수께서 그들의 눈을 만지시며 이르시되 너희 믿음대로 되라 하시니 그 눈들이 밝아진지라 예수께서 엄히 경고하시되 삼가 **아무에게도 알리지 말라** 하셨으나"(마 9:29~30)

그런데 예수님께서 나병 환자를 고쳐주셨을 경우에는 사람들에게는 말하지 말되, 반드시 제사장에게는 가서 보이라고 말씀하셨습니다.

그리고 레위기 14장의 말씀대로 제사장에게 갈 때 반드시 예물을 가지고 가서 정결 의식의 제사를 드리라고 말씀하셨습니다.

"한 나병환자가 나아와 절하며 이르되

주여 원하시면 저를 깨끗하게 하실 수 있나이다 하거늘
예수께서 손을 내밀어 그에게 대시며 이르시되
내가 원하노니 깨끗함을 받으라 하시니
즉시 그의 나병이 깨끗하여진지라

예수께서 이르시되
삼가 아무에게도 이르지 말고
다만 가서 제사장에게 네 몸을 보이고
모세가 명한 예물을 드려
그들에게 입증하라 하시니라"(마 8:2~4)

그렇다면, 나병 환자가 완치된 후 제사장을 찾아가서 정결 의식을 행하는 법은 언제까지 유효했을까요?

답은 모세의 레위기 14장 나병 환자 법 기록 순간부터 예수님께서 십자가 위에서 "다 이루었다."라고 '말씀하시기 전'까지입니다.

다시 말해, 예수님께서 십자가 위에서 "다 이루었다."라고 **말씀하신 후부터는** 나병 환자가 자신의 병이 완치되었다고 예물을 들고 제사장을 찾아가 정결 의식을 행하는 것은 하나님 나라에서는 오히려 '불법'이라는 것입니다.

그 전까지는 〈레위기 13장과 14장〉의 규례가 〈1,500여 년 동안의 제사장 나라〉에서 너무나 중요했던 말씀이었습니다.

그리고 이 말씀이 없었다면 예수님께서 나병 환자를 고치시고 제사장에게 가서 보이라고 하셨던 말씀을 우리가 이해할 수 없었을 것입니다.

그러므로 〈레위기 13장과 14장〉은 〈마태복음 8장〉의 예수님께서 나병 환자를 고치시고, 그에게 예물을 가지고 제사장에게 가서 보이라고 하신 말씀의 근원이 되는 소중한 하나님의 말씀입니다.

이처럼 레위기를 통(通)하지 않으면
성경의 많은 기록에 대해 잘 이해하지 못하고,
심지어 오해할 수도 있습니다.
때문에 레위기를 포함한 〈모든 성경〉은 **언제나 다** 중요합니다.

보아스와 룻 _ 윌리엄 브레시 흡 作

chapter

4

⊰ 레위기 19장이 룻기 2장으로 ⊱
보아스, 제사장 나라 밭모퉁이 법을 지켜 **예수님의 족보**에 오르다

〈레위기 19장 9~10절〉은
〈제사장 나라 거룩한 시민〉의 '품위 있는 삶'을 위해
하나님께서 주신 귀한 말씀입니다.

하나님께서는 광야에서 출애굽한 이스라엘 백성들과 제사장 나라 언약을 맺으시고, 그들에게 하늘로부터 십계명을 비롯한 613가지의 '율법─제사장 나라 법'을 직접 내려주셨습니다.

그런데 하나님께서 주신 '율법─제사장 나라 법' 가운데 레위기 19장 9~10절 말씀은, 특별히 사회적 약자들이 보호받을 수 있는 '세상에서 가장 품위 있고 위로가 되는 법'이라 할 수 있습니다.

추수 때의 휴식 – 룻과 보아스 _ 장 프랑수아 밀레 作

—❧❧—

"너희가 너희의 **땅에서 곡식을 거둘 때에**
너는 밭 모퉁이까지 **다 거두지 말고**
네 떨어진 이삭도 **줍지 말며**
네 포도원의 열매를 **다 따지 말며**
네 포도원에 떨어진 열매도 **줍지 말고**
가난한 사람과 거류민을 **위하여 버려두라**

나는 너희의 하나님 여호와이니라"(레 19:9~10)

—❧❧—

이스라엘 백성들이 하나님께 이 법을 받았을 때는, 그들이 아직
약속의 땅 가나안에 들어가기도 전이었습니다.

다시 말해, 풀 한 포기도 나지 않는 광야 한가운데에서 하나님께서 이 법을 미리 그들에게 주셨던 것이고, 이스라엘 백성들에게는 가나안에 들어가서 '그들의 밭에서' 지켜야 할 법이었습니다.

하나님께서 이스라엘 백성들에게 이 법을 주시면서 "너희가 너희의 땅에서"라고 하신 말씀은 그들이 반드시 약속의 땅 가나안에 들어갈 수 있다는 뜻이었습니다.

그리고 그들은 하나님께 땅의 경작권을 받게 될 것이고, 그 땅에서 하나님께서 주신 법을 실천하며 살면 되는 것이었습니다.

이스라엘 백성들은 장차 그들의 밭에서 농사를 짓게 될 터인데 추수를 할 때에 밭모퉁이 일부를 남겨두고, 떨어진 이삭은 줍지 않고, 포도원의 열매도 다 따지 않고 일부를 남겨두고, 땅에 떨어진 포도 열매도 줍지 말라고 명령하신 것입니다.

이것이 하나님께서 그들에게 주신 법이었습니다.

그리고 이스라엘 백성들은 이 법은 통해 '가난한 사람들과 타국인들'이 하나님의 관심과 사랑의 대상임을 알 수 있었습니다.

이 광경은 상상만 해도 참으로 아름답고 멋진 인간사회의 가장 고상한 모습이 아닐 수 없습니다.

21세기 현대 사회에서도 '선진국'이라 함은 기본적으로 양극화가 없고, '사회적 약자들의 인권'이 보호받는 나라입니다. 어떤 국민도 소외당하지 않는 복지국가가 바로 선진국인 것입니다.

그런데 지금으로부터 3,500년 전 고대 사회에서 하나님께서 출애굽한 이스라엘 백성들에게 이런 수준 높은 나라를 세울 수 있는 '율법—제사장 나라 법'을 그들에게 주셨던 것입니다.

그러나 안타깝게도 〈레위기 19장 9~10절〉의 법은, 이후 약속의 땅 가나안에 들어간 이스라엘 백성들에게는 '350년간의 사사 시대 동안' 그저 '명목상의 법'으로만 존재했습니다.

사사 시대 동안 이스라엘 백성들은 약속의 땅 가나안에 들어가 '자기들의 경작지에서' 하나님의 말씀을 잊고, 오직 '각자 자기 소견에 옳은 대로 사느라 너무나 바빴기 때문'입니다(삿 21:25).

그런데 이러한 사사 시대 초기에 베들레헴이라는 한 작은 시골 마을에서 혼자 묵묵히 〈레위기 19장 9~10절〉의 말씀을 밭에서 실천하며 살았던 하나님의 사람이 한 명 있었습니다.
그가 바로 〈룻기〉의 남우주연상 '보아스'입니다.

그러므로 레위기 19장은
룻기 2장의 중요한 시작이라 할 수 있습니다.
레위기 19장의 말씀이 **룻기 2장의 배경**이 되기 때문입니다.

보아스는 그의 밭에서 일하는 사람들과 〈민수기〉에 기록된 하나
님의 말씀대로 다음과 같이 인사를 주고받습니다.

"마침 보아스가 베들레헴에서부터 와서
베는 자들에게 이르되
여호와께서 너희와 함께 하시기를 원하노라 하니
그들이 대답하되

여호와께서 당신에게 복 주시기를 원하나이다"(룻 2:4)

"여호와는 네게 복을 주시고 너를 지키시기를 원하며
여호와는 그의 얼굴을 네게 비추사
은혜 베푸시기를 원하며
여호와는 그 얼굴을 네게로 향하여 드사
평강 주시기를 원하노라 할지니라"(민 6:24~26)

하나님과 상관없이 각자 자기 소견에 옳은 대로 사는 것이 대세였던 사사 시대에 〈민수기〉의 말씀대로 자기 밭에서 일하는 사람들과 인사를 나누는 하나님의 사람 보아스를 보게 됩니다.

보아스는 자기 밭에서 이삭을 줍고 있는 룻을 위해 자기 밭에서 일하는 사람들에게 다음과 같이 말했습니다.

"룻이 이삭을 주우러 일어날 때에
보아스가 자기 소년들에게 **명령하여** 이르되
그에게 곡식 단 사이에서 줍게 하고 책망하지 말며
또 **그를 위하여** 곡식 다발에서 **조금씩 뽑아 버려서**
그에게 줍게 하고 꾸짖지 말라 하니라"(룻 2:15~16)

추수 때가 지나면서 보아스는 룻과 결혼하는 과정에서도 제사장

롯기 _ 시메온 솔로몬 作

나라 법인 계대결혼법을 '성문 법정'을 통해 지켜갑니다(룻 4:1~7).
기업에 큰 손해를 감수하면서도 제사장 나라 법을 지킵니다.

결국 그 가문에서 하나님의 종 다윗,
그리고 예수 그리스도가 탄생하게 됩니다.

"베레스의 계보는 이러하니라 베레스는 헤스론을 낳고
헤스론은 람을 낳았고 람은 암미나답을 낳았고
암미나답은 나손을 낳았고 나손은 살몬을 낳았고

살몬은 보아스를 낳았고 **보아스는 오벳**을 낳았고
오벳은 이새를 낳고 이새는 다윗을 낳았더라"(룻 4:18~22)

"아브라함과 다윗의 자손 예수 그리스도의 계보라
아브라함이 이삭을 낳고 이삭은 야곱을 낳고
야곱은 유다와 그의 형제들을 낳고
유다는 다말에게서 베레스와 세라를 낳고
베레스는 헤스론을 낳고 헤스론은 람을 낳고
람은 아미나답을 낳고 아미나답은 나손을 낳고
나손은 살몬을 낳고 살몬은 라합에게서 보아스를 낳고
보아스는 룻에게서 오벳을 낳고 오벳은 이새를 낳고
이새는 다윗 왕을 낳으니라
다윗은 우리야의 아내에게서 솔로몬을 낳고"(마 1:1~6)

그러므로 레위기 19장은 룻기 2장과 연결되고,
더 나아가 룻기 4장의 족보는 마태복음 1장의
예수 그리스도의 족보로까지
연결되고 있음을 알 수 있습니다.

통(通)하는 〈레위기〉, 이런 게 진짜 대박입니다.

예루살렘의 파멸을 예고하는 예레미야 _오라스 베르네 作

chapter

5

⚜ 레위기 26장이 예레미야 31장으로 ⚜

예레미야, 제사장 나라 법으로 예수님의 새 언약을 예고하다

〈레위기 26장〉은 '레위기의 결론'입니다.
레위기는 〈제사장 나라 거룩한 시민〉이 하나님께서 주신 '율법-제사장 나라 법'을 잘 지키면 받을 복과, 잘 지키지 않으면 받게 될 처벌이 모두 기록되어 있기 때문입니다.

그리고 앞으로 이어지는 구약성경의 선지자들이 '제사장 나라'를 지키도록 하는 데 기준이 됩니다.

레위기의 결론인 〈레위기 26장〉은
먼저, 하나님과 〈제사장 나라 언약〉을 맺은 이스라엘 백성들이 하나님께서 주신 '율법-제사장 나라 법'을 잘 **지키면**, 받게 되는

'두 가지 복'을 기록하고 있습니다.

"너희가 내 규례와 계명을 준행하면"(레 26:3)

"나는 너희 중에 행하여 너희의 하나님이 되고
너희는 내 백성이 될 것이니라"(레 26:12)

첫째 : "또 너희 **다섯이 백을 쫓고**
너희 백이 만을 쫓으리니
너희 대적들이 너희 앞에서 칼에 엎드러질 것이며"(레 26:8)

둘째 : "너희는 오래 두었던 묵은 곡식을 먹다가
새 곡식으로 말미암아 **묵은 곡식을 치우게 될 것이며**"
(레 26:10)

하나님께서 국방과 경제를 책임져주신다는 것입니다.

그리고 이어서 〈레위기 26장〉은
하나님과 〈제사장 나라 언약〉을 맺은 이스라엘 백성들이 하나님
께서 주신 '율법-제사장 나라 법'을 **지키지 않았을 때**에 받을
처벌을 '3단계'로 기록하고 있습니다.

"**그러나** 너희가 내게 청종하지 아니하여

이 모든 명령을 준행하지 아니하며"(레 26:14)

❧

1단계 (흉년) – "또 만일 너희가 그렇게까지 되어도
내게 청종하지 아니하면 너희의 죄로 말미암아
내가 너희를 일곱 배나 더 징벌하리라
내가 너희의 세력으로 말미암은 교만을 꺾고
너희의 하늘을 철과 같게 하며 너희 땅을 놋과 같게 하리니
너희의 수고가 헛될지라 땅은 그 산물을 내지 아니하고
땅의 나무는 그 열매를 맺지 아니하리라"(레 26:18~20)

❧

룻기 1장의 시작이 바로 1단계 처벌인 흉년 처벌 때문에 시작된
일이라 볼 수 있습니다.

❧

2단계 (수탈) – "이런 일을 당하여도
너희가 내게로 돌아오지 아니하고
내게 대항할진대
나 곧 나도 너희에게 대항하여
너희 죄로 말미암아 너희를 칠 배나 더 치리라

내가 칼을 너희에게로 가져다가
언약을 어긴 원수를 갚을 것이며
너희가 성읍에 모일지라도 너희 중에 염병을 보내고

포로로 끌려온 이스라엘 〈Holman Bible 1890 삽화〉

너희를 대적의 손에 넘길 것이며

내가 너희가 의뢰하는 양식을 끊을 때에

열 여인이 한 화덕에서 너희 떡을 구워 저울에 달아 주리니

너희가 먹어도 배부르지 아니하리라"(레 26:23~26)

사사기의 수많은 수탈 이야기는 바로 2단계 처벌이라 할 수 있습니다.

3단계 (포로) – "너희가 **원수의 땅에 살 동안**에

너희의 본토가 황무할 것이므로

땅이 안식을 누릴 것이라

그 때에 땅이 안식을 누리리니
너희가 그 땅에 거주하는 동안 너희가 안식할 때에
땅은 쉬지 못하였으나
그 땅이 황무할 동안에는 쉬게 되리라"(레 26:34~35)

바로 이 3단계 처벌이 예레미야가 말한 바벨론 포로 70년입니다.

하나님과 〈제사장 나라 언약〉을 맺은 이스라엘 백성들이 하나님
께서 주신 '율법ー제사장 나라 법'을 지켜 행함으로 하나님께서
주겠다고 약속하신 두 가지 복을 받았더라면 참으로 좋았을 것
입니다.

그런데 이스라엘 백성들은 약속의 땅 가나안에 들어가 하나님으
로부터 땅의 경작권을 받았음에도 불구하고, 안타깝게도 하나님
과 약속한 '율법ー제사장 나라 법'을 지켜 행하지 않았습니다.

그들은 제사장 나라의 기본적인 절기인 안식일, 안식년, 희년조
차도 지키지 않았던 것입니다.

또한 그들은 〈제사장 나라 거룩한 시민〉으로 하나님과 맺은 언약
대로 율법을 지켜 행하라고 전하는 선지자들의 거듭되는 충고에
도 귀를 기울이지 않았습니다.

그래서 결국 북이스라엘의 멸망을 보고도 하나님께로 돌이키지 않은 남유다는, 하나님께서 이미 레위기 26장에 경고하신 대로 3단계의 처벌을 차례대로 받아야만 했습니다.

예레미야 선지자를 통한 하나님의 말씀인 〈예레미야〉의 내용이 바로 가장 엄중한 '3단계'의 처벌인 원수의 나라로 끌려가 포로민 생활을 할 것이라는 경고의 말씀이었던 것입니다.

그리고 남유다 백성들이 포로로 끌려가 있는 동안, 남유다 땅인 예루살렘이 안식을 누릴 것이라는 말씀입니다.

그런데 하나님의 말씀은 징계와 처벌로 끝이 아니었습니다.

사랑의 하나님께서는
남유다 백성들이 **바벨론 포로로 끌려가** 그곳에서 **70년 동안**
다시 〈제사장 나라 거룩한 시민〉으로 재교육을 받는다면,
그들이 '**극상품 무화과 열매**'로 거듭나
다시 그들의 땅으로 돌아오게 될 것이라고 말씀하신 것입니다.

그러면서 예레미야 선지자를 통해 하나님께서는
'예수님을 통해 주실 **새 언약**을 예고'하게 하셨습니다.
이것이 바로 하나님의 은혜입니다.

"여호와의 말씀이니라

보라 날이 이르리니

내가 이스라엘 집과 유다 집에 **새 언약을 맺으리라**

이 언약은 내가 그들의 조상들의 손을 잡고

애굽 땅에서 인도하여 내던 날에 맺은 것과 같지 아니할 것은

내가 그들의 남편이 되었어도

그들이 내 언약을 깨뜨렸음이라

여호와의 말씀이니라"(렘 31:31~32)

하나님께서는 예레미야 선지자를 통해 그의 독생자 아들 예수 그리스도를 이 땅에 보내셔서 이스라엘과 새 언약을 맺을 것이라고 말씀하십니다.

그러면서 하나님께서는 '이스라엘이 깨뜨린 옛 언약'을 언급하십니다.

하나님께서는 이스라엘이 하나님과 맺었다가 깨뜨린 언약을 이제 옛 언약이라고 말씀하십니다. 그리고 예레미야 선지자를 통해 깨어진 옛 언약(모세 언약) 대신 새 언약을 다시 맺을 것이라고 말씀하십니다.

"그들이 나를 거스른 잘못으로 자기의 죄악과

그들의 조상의 죄악을 자복하고

또 그들이 내게 대항하므로

나도 그들에게 대항하여

내가 그들을 그들의 원수들의 땅으로 끌어 갔음을 깨닫고

그 할례 받지 아니한 그들의 마음이 낮아져서

그들의 죄악의 **형벌을 기쁘게 받으면**

내가 야곱과 맺은 내 언약과

이삭과 맺은 내 언약을 기억하며

아브라함과 맺은 내 언약을 기억하고

그 땅을 기억하리라"(레 26:40~42)

예레미야 선지자를 통해 **예고된 새 언약**은 레위기에 기록된 모세 언약은 물론 아브라함, 이삭, 야곱과 맺으신 **은혜 언약**을 알지 못하면 무슨 말인지 알 수가 없습니다.

그러므로 예레미야에 기록된 새 언약을 알기 위해서는, 하나님과 아브라함이 맺은 **은혜 언약**과, 하나님과 이스라엘이 맺은 **모세 언약**을 반드시 알고 있어야 합니다.

예수님께서 십자가 지시기 전 제자들과 함께 마지막 유월절을 지키십니다.

최후의 만찬 _ 후안 데 후아네스 作

"내가 고난을 받기 전에
너희와 함께 이 유월절 먹기를 원하고 원하였노라
내가 너희에게 이르노니
이 유월절이 하나님의 나라에서 이루기까지
다시 먹지 아니하리라 하시고
이에 잔을 받으사 감사 기도 하시고 이르시되
이것을 갖다가 너희끼리 나누라
내가 너희에게 이르노니
내가 이제부터 하나님의 나라가 임할 때까지
포도나무에서 난 것을 다시 마시지 아니하리라 하시고
또 떡을 가져 감사 기도 하시고
떼어 그들에게 주시며 이르시되
이것은 너희를 위하여 주는 내 몸이라

너희가 이를 행하여 나를 기념하라 하시고
저녁 먹은 후에 잔도 그와 같이 하여 이르시되
이 잔은 **내 피로 세우는 새 언약**이니
곧 너희를 위하여 붓는 것이라"(눅 22:15~20)

예수님의 **새 언약**은 바로 **제사장 나라**의 유월절을 **하나님 나라**
성찬식으로 바꾸는 시점이기도 합니다.

그러므로 〈레위기〉는
성경 전체를 비롯해 〈예레미야〉를 읽을 때에도
반드시 기본적으로 읽고 공부해서 알아야 하는
하나님의 말씀입니다.

모든 성경, 모든 민족, 모든 가정에서 5세 때부터

❧

I. 통(通)으로 보는 '제사장 나라'와 '하나님 나라'

1. 통(通)으로 보는 '제사장 나라'

❧

제사장 나라는 '유월절 어린 양'으로 시작된 나라입니다.

제사장 나라는 '하나님의 용서'가 있는 나라입니다.

제사장 나라는 '이웃과 이웃 사이에 나눔'이 있는 나라입니다.

제사장 나라는 '나라와 나라 사이에 평화'가 있는 나라입니다.

제사장 나라는 '성전과 장자'로 이끄는 나라입니다.

❧

그런데 1,500여 년을 유지하던
'율법과 선지자'의 〈제사장 나라〉는 예수님께서
십자가 위에서 "다 이루었다."(It is finished.)라고 말씀하셨을 때,
예루살렘 성전의 휘장이 위로부터 아래로 둘로 찢어지던
'그 순간' 마침내 '종료'되었습니다.

이는 선지자 세례 요한의 "회개하라. 천국이 가까이 왔다."는 예언의 성취이며, 예수님께서 3년간 가르치셨던 〈하나님 나라〉가 마침내 이 땅에 도래함의 선언이었습니다.

"율법과 선지자는 요한의 때까지요
그 후부터는 하나님 나라의 복음이 전파되어
사람마다 그리로 침입하느니라"(눅 16:16)

2. 통(通)으로 보는 '하나님 나라'

하나님 나라는 '하나님의 어린 양'으로 시작된 나라입니다.
하나님 나라는 '한 영혼이 천하보다 소중한' 나라입니다.
하나님 나라는 '하나님을 아버지'라 부르는 나라입니다.
하나님 나라는 '예수님의 십자가'로 완성된 나라입니다.
하나님 나라는 '교회와 제자'로 이끄는 나라입니다.

유대의 3대 율법학자* 중 한 사람인 가말리엘(Gamaliel)**문하에서 수학했던 바리새파 출신 사울(Saul, 사울은 유대의 언어인 히브리어 이름, 사울의 뜻; 여호와께 구하다)은 〈제사장 나라〉의 '율법과 선지자'에 정통했던 청년이었습니다.

그런데 그토록 명석(明晳)했던 청년 사울이 다메섹 도상에서 예수를 만나기 전까지는 산헤드린 공회의 대제사장 세력들의 거짓과 위선에 속아 제사장 나라가 종료되고 하나님 나라가 도래했다는 사실을 깨닫지 못했었습니다.

그러나 사울이 다메섹으로 가는 길에서 부활하신 예수를 만나고 나서 '사울의 다메섹 그 순간'(Saul's Damascus Moment)을 통해 제사장 나라가 예수 그리스도의 십자가로 이미 종료되었고, 하나님 나라가 도래했음을 깨닫게 됩니다.

그 후 사울은 이방인을 위한 사도가 되어 '사도 바울'(The Apostle Paul, 바울은 로마 제국의 언어인 라틴어 이름)로 예수의 십자가와 부활의 증인으로서의 삶을 살았습니다.

---

* 에스라, 힐렐, 가말리엘
** 사울의 스승이었던 가말리엘(Gamaliel)은 명망 있는 바리새인으로 율법 교사였으며, 그의 이름의 뜻은 '나의 상급은 하나님이시다'이다. 가말리엘은 힐렐의 손자로 '대가 스승'이라는 뜻의 '랍반'(Rabban)이라는 칭호를 받은 최초의 사람이고, '율법의 영광'이라는 명예까지 얻었던 대학자였다.

바울의 회심 _ 니콜라 베르나르 레피시에 作

"즉시 사울의 눈에서 비늘 같은 것이 벗어져 다시 보게 된지라
일어나 세례를 받고 음식을 먹으매 강건하여지니라
사울이 다메섹에 있는 제자들과 함께 며칠 있을새
즉시로 각 회당에서 **예수가 하나님의 아들**이심을 전파하니
듣는 사람이 다 놀라 말하되
이 사람이 예루살렘에서 이 이름을 부르는 사람을
멸하려던 자가 아니냐 여기 온 것도 그들을 결박하여
대제사장들에게 끌어 가고자 함이 아니냐 하더라"(행 9:18~21)

그 사도 바울이 아침부터 저녁까지 '**하나님 나라**'와 '**율법과 선지
자를 완전하게 하신** 예수 그리스도'를 전했던 것입니다.

"그들이 날짜를 정하고 그가 유숙하는 집에 많이 오니
바울이 아침부터 저녁까지 강론하여
하나님의 나라를 증언하고
모세의 **율법과 선지자의 말을 가지고**
예수에 대하여 권하더라"(행 28:23)

II. 모든 성경 (All the Bible for)

1. "내가 율법이나 선지자를 폐하러 온 줄로 생각하지 말라 폐하

러 온 것이 아니요 **완전하게 하려 함**이라"(마 5:17)

모세가 기록한 5권의 책인 구약의 〈모세5경〉은 모세의 율법이라고 하지만, 그 '율법을 완전하게 하신 분은 예수 그리스도'이십니다.

또한 구약의 〈선지자〉의 기록은 각각의 선지자들의 기록이지만, 그 '선지자들의 기록을 완전하게 하신 분은 예수 그리스도'이십니다. 즉, 구약 39권의 기록은 예수님의 사역으로 완전하게 된 것입니다.

예수 그리스도께서는 율법과 선지자를 폐하러 오신 것이 아니라, 완전하게 하기 위해 오신 분이기 때문입니다.

2. "예수께서 열두 제자를 데리시고 이르시되 보라 우리가 예루살렘으로 올라가노니 선지자들을 통하여 **기록된 모든 것**이 인자에게 응하리라"(눅 18:31)

예수님께서는 열두 제자들에게 '구약성경에 기록된 선지자들의 모든 기록'이 바로 예수님을 지칭한다고 가르치셨습니다.

3. "그러나 이것을 당신께 고백하리이다 나는 그들이 이단이라

4명의 복음전도자 _ 루벤스 作

하는 도를 따라 조상의 하나님을 섬기고 **율법과 선지자**들의 글에 **기록된 것을 다** 믿으며"(행 24:14)

예수를 믿는 사도 바울은 로마 총독 벨릭스 앞에서 당당히 '구약 성경 39권 전체를 다' 믿는다고 말했습니다.

4. "**모든 성경**은 하나님의 감동으로 된 것으로 교훈과 책망과 바르게 함과 의로 교육하기에 **유익하니**"(딤후 3:16)

예수를 믿는 사도 바울은 그의 믿음의 아들 디모데에게 '성경은 첫 장부터 마지막 장까지 어느 한 권도 빠짐없이 전체가 다' 하나님의 감동으로 기록된 책이라고 말합니다.

그리고 그 〈모든 성경〉 즉, '성경 전체가 다' 교훈과 책망과 바르게 함과 의로 교육하기에 유익한 책이라고 가르쳐주고 있습니다.

그러므로 성경은 부분이 아닌 전체로 다 읽어야 합니다.

III. 모든 민족 (All the nation for)

1. "땅의 모든 족속이 너로 말미암아 복을 얻을 것이라"(창 12:3)

하나님께서는 아직 자기 자식 한 명도 없는 '아브라함 한 사람'에게 하나님의 사랑의 대상인 '모든 족속'을 말씀하셨습니다.

2. "세계가 다 내게 속하였나니 너희가 내 말을 잘 듣고 내 언약을 지키면 너희는 모든 민족 중에서 내 소유가 되겠고"(출 19:5)

아브라함 한 사람에게 '모든 족속'을 말씀하셨던 하나님께서는, '500년 후, 놀랍게도 장정만 해도 60만 명이 된 아브라함의 후손들'에게 이제는 제사장 나라를 통하여 '모든 민족'이 '내 소유'가 될 것이라고 말씀하십니다.

3. "그러므로 너희는 가서 **모든 민족**을 제자로 삼아 아버지와 아들과 성령의 이름으로 세례를 베풀고"(마 28:19)

아브라함의 후손들과 〈제사장 나라〉 언약을 맺으신 지 '1,500여 년이 지나' 하나님의 아들 예수 그리스도께서 〈하나님 나라〉를 선포하시며 이제 '모든 민족'에게 직접 '가서 복음을 전하라'고 말씀하십니다.

4. "내가 이방인인 너희에게 말하노라 내가 **이방인의 사도**인 만큼 내 직분을 영광스럽게 여기노니"(롬 11:13)

하나님의 사랑의 대상은 처음부터 '모든 민족'이었습니다.

하나님께서 아브라함의 후손들을 〈제사장 나라 거룩한 시민〉 삼으신 이유도 바로 '모든 민족'을 복 받게 하기 위함이셨습니다.

그런데 제사장 나라가 1,500여 년 만에 종료되고 하나님 나라가 도래하면서 이제는 '예수 그리스도의 십자가를 통해' '모든 민족이 하나님의 자녀가 되는 권세를 누리게 된 것'입니다.

이 놀라운 예수의 복된 소식을 '모든 민족에게 직접 가서 전하는' 사명을 받은 '사도 바울'이 '이방인의 사도 직분을 영광스럽게 생각한다.'고 로마 교회 성도들에게 전하고 있습니다.

IV. 모든 가정 (All households from the age of 5)

1. "그 아들 이삭이 **난 지 팔 일 만**에 그가 하나님이 명령하신 대로 할례를 행하였더라"(창 21:4)

아브라함은 그의 아들 이삭이 태어난 지 8일 되던 날, 어린 아들의 몸에 칼을 대며 할례를 통해 하나님을 '교육'하기 시작했습니다.

귀나 눈으로 하는 교육보다도 먼저 몸이 하나님을 기억하도록 가르쳤던 것입니다. 아브라함의 자녀교육은 가정에서 태어난 지 8일 된 날부터 시작되었던 것입니다.

2. "너희 각자가 어린 양을 취할지니 **각 가족대로** 그 식구를 위하여 어린 양을 취하되"(출 12:3)

아브라함의 후손들은 500년 만에 하나님의 말씀대로 하늘의 별처럼 바닷가의 모래처럼 많아졌습니다.

디모데와 외할머니 로이스 _ 렘브란트 作

'500년 전에는 아브라함이 혼자' 그의 가정에서 '그의 아들을 교육'시켰다면, '500년 후 아브라함의 후손들은' 애굽에서 첫 번째 유월절을 지키면서 약 '23,000여 가정에서' 각 가족 수대로 어린 양을 잡아 '자녀들에게 하나님을 교육'하게 된 것입니다.

3. "**젖을 뗀 후**에 그를 데리고 올라갈새 수소 세 마리와 밀가루 한 에바와 포도주 한 가죽부대를 가지고 실로 여호와의 집에 나아갔는데 아이가 어리더라"(삼상 1:24)

사라와 이삭 이야기로 꿈을 가졌던 한나가 이제는 모세의 제사장 나라 이야기를 아들에게 주기 위해 '이제 막 젖을 뗀 어린 아들' 사무엘을 스승 엘리에게 보내 '하나님에 대한 교육을 시키기 시작'합니다.

어린 사무엘의 교육비가 자그마치 '수소 세 마리와 밀가루 한 에바와 포도주 한 가죽부대'나 되었던 것입니다. 한나의 교육은 아이가 막 젖을 뗀 바로 그 시점이었습니다.

4. "또 **어려서부터 성경**을 알았나니 성경은 능히 너로 하여금 그리스도 예수 안에 있는 믿음으로 말미암아 구원에 이르는 지혜가 있게 하느니라"(딤후 3:15)

사도 바울은 디모데가 '어려서부터' 성경을 알았다고 기록하고 있습니다. 여기서 말하는 어려서는 영어로 'from Infancy' 즉, '만 5세'를 일컫습니다.

그러므로 성경 속 하나님의 사람들의 성경 교육은 태어난 지 8일 되는 날부터, 혹은 이제 막 젖을 뗀 시점에, 그리고 만 5세 때부터 시작했다고 기록하고 있습니다.

〈모든 성경〉을 〈모든 민족〉이 〈모든 가정〉에서 '5세 때부터' 부모가 자녀에게 가르쳐야 할 것입니다.

"이스라엘아 들으라
우리 하나님 여호와는
오직 유일한 여호와이시니
너는 마음을 다하고 뜻을 다하고 힘을 다하여
네 하나님 여호와를 사랑하라

오늘 내가 네게 명하는 이 말씀을 너는 마음에 새기고
네 자녀에게 부지런히 가르치며
집에 앉았을 때에든지 길을 갈 때에든지
누워 있을 때에든지 일어날 때에든지
이 말씀을 강론할 것이며

너는 또 그것을 네 손목에 매어 기호를 삼으며

네 미간에 붙여 표로 삼고

또 네 집 문설주와 바깥 문에 기록할지니라"(신 6:4~9)

레위기를 포함한 '모든 성경'은

언제나 '굿 뉴스'입니다.